AF577952

Entdecke das Tauchen

Frank Rossow

Titelbild: Beim Tauchen im Korallenriff gelingen fantastische Beobachtungen
Rückseite: Schnorcheln ist ein guter Einstieg für Erlebnisse in der Unterwasserwelt

Seite 1: Tauchen über dem tropischen Korallenriff ist ein unvergleichliches Erlebnis!
Seite 2/3: Autor Frank Rossow beim Tauchen in den Comino Caves bei Malta

ISBN: 978-3-86659-287-2

An der Kleimannbrücke 39/41
48157 Münster
Tel.: 0251-13339-0
Fax: 0251-13339-33
E-Mail: verlag@ms-verlag.de
Home: www.ms-verlag.de
Geschäftsführung: Matthias Schmidt
Layout: Ann-Christine Schönenberg
Lektorat: Kriton Kunz
Druck: Alföldi, Debrecen

Alle in dieser Aufstellung nicht aufgeführten Fotos sind von Volker Vierecke.

Titelbild: frantisekhojdysz/Shutterstock
Rückseite: MaszaS/Shutterstock

Thinkstock Images International:
Seite 6+7: shalamov
Seite 8+9: Hintergrund unten: bizoo_n
Seite 8+9: Taucher unten: anankkml
Seite 10+11: unten: Nicolaiivanovici
Seite 11: unten links: Nerthuz
Seite 11: unten rechts: uatp2
Seite 12: oben: abadonian
Seite 12: oben (Wasser): danielsbfoto
Seite 15: microgen
Seite 21: oben: Allevinatis
Seite 24: Hintergrund: Ingram Publishing
Seite 24: unten links: Windzepher
Seite 24: unten rechts: suriyasilsaksom
Seite 25: Hintergrund: Denis Rozhnovsky
Seite 24+25: Weltkugel: leonello
Seite 27: unten: ZavgSG
Seite 29: unten: Nastco
Seite 33: oben: Hemera Technologies
Seite 33: unten: Sergiy Zavgorodny
Seite 35: oben: Sergiy Zavgorodny
Seite 36+37: oben: ulkan
Seite 38+39: fergregory
Seite 40: oben: popovaphoto
Seite 42+43: PaulFleet
Seite 43: oben links: Zoonar RF
Seite 43: Mitte links: Stocktrek Images
Seite 43: Mitte rechts: diverroy
Seite 44+45: Zoonar RF
Seite 44: oben: OSTILL
Seite 46: oben: Purestock
Seite 48-52: Hintergrund: PaulPaladin
Seite 50: oben: bluejayphoto
Seite 51: Mitte: Cornelis Opstal
Seite 53: unten rechts: zzve
Seite 54+55: Rawpixel Ltd
Seite 54: oben rechts: fabioderby
Seite 54: Mitte links: Jonah_Photos
Seite 54: Mitte rechts: Purestock
Seite 54: unten: RenHo
Seite 55: oben links: adokon
Seite 55: oben rechts: atese
Seite 55: Mitte links: TPopova
Seite 55: Mitte rechts: JohnCarnemolla
Seite 62+63: mythja
Seite 64: VitalyEdush

Arco Images GmbH:
Seite 10: unten: Schoening
Seite 13: Westend61/ Konstantin Trubavin
Seite 17: oben: NPL/ Michael Pitts
Seite 18+19: NPL/ Doug Allan
Seite 19: unten links: NPL/ Michael Pitts
Seite 19: unten rechts: NPL/ Todd Pusser
Seite 20: oben: NPL/ David Shale
Seite 20: unten: NPL/ David Shale
Seite 21: unten: NPL/ David Shale
Seite 27: oben rechts: imageBROKER/ Norbert Probst
Seite 31: unten: imageBROKER/ Manfred Bail
Seite 32: oben: imageBROKER/ J.W.Alker
Seite 46+47: imageBROKER/ J.W.Alker
Seite 50: unten: R. Dirscherl
Seite 52: Mitte: F. Schneider
Seite 54: oben links: NPL/ Alex Mustard
Seite 54: oben Mitte: NPL/ Doc White
Seite 58+59: Westend61/ J.W.Alker
Seite 58: Mitte: imageBROKER/ Kerstin Langenberger
Seite 60: oben rechts: imageBROKER

Shutterstock:
Seite 1: UnderTheSea
Seite 8+9: oben: Poznyakov
Seite 11: oben links: Marcin Krzyzak
Seite 14: oben: Dudarev Mikhail
Seite 14: links: Picsfive
Seite 27: oben links: Gina Callaway

mauritius images GmbH:
Seite 11: oben rechts: David White / Alamy

Sonstige:
Seite 22+23: © JAGO-Team; Karen Hissmann; GEOMAR Helmholtz-Zentrum für Ozeanforschung Kiel.
Seite 22: unten: © JAGO-Team; Juergen Schauer; GEOMAR Helmholtz-Zentrum für Ozeanforschung Kiel.
Seite 28: Mares
Seite 29: oben und Mitte: Mares
Seite 30: oben: A.Balbi
Seite 31: oben: Mares
Seite 34: oben: Mares
Seite 34: unten: Mares/SSI
Seite 35: unten: Mares
Seite 37: Mitte und unten: DSI
Seite 49: oben: NaturaGart Deutschland GmbH & Co. KG

Inhaltsverzeichnis

Willkommen beim Tauchen!

Tauchen ist eine fantastische Sportart und bietet Dir viele Erlebnisse, Erfahrungen und Abenteuer. Kannst Du Dir vorstellen, wie ein Fisch im Wasser atmen zu können? Oder schwerelos neben Seepferdchen und bunten Korallen zu schweben? Dich ganz entspannt von einer Strömung an tollen Unterwasserlandschaften vorbeidriften zu lassen und zusammen mit Deinen Tauchpartnern auf Entdeckungstour zu spannenden Schiffswracks und versunkenen Schätzen zu gehen?

Vielleicht bist Du ein wenig vorsichtig und hast einen gesunden Respekt vor dem Tauchen. Dann bist Du genau richtig, um ein guter Taucher zu werden! Denn bei uns Tauchern steht die Sicherheit an Nummer 1!

Das Tauchen hat die Menschen schon immer begleitet und begeistert. In vielen Ländern gibt es hunderte oder sogar tausende Jahre alte Traditionen, bei denen Menschen mit angehaltener Luft tief hinabtauchten, um Nahrung zu sammeln oder zu jagen.

Sei mein „Buddy“ (sprich: „Baddi“), mein Tauchpartner, und begleite mich auf eine einzigartige Entdeckungstour! Tauche tief mit mir ab, um Tauchen als Hobby, als Beruf und als Sport kennenzulernen!

Wracks wie dieses hier vor der Mittelmeerinsel Malta zu betauchen, hat einen ganz besonderen Reiz

Gemeinsam macht's am meisten Spaß!

Für uns Taucher und Schnorchler ist Sicherheit immer ganz wichtig! Deshalb gehen wir nie alleine ins Wasser, um zu tauchen oder zu schnorcheln. Auf Englisch werden Tauchpartner als „Buddy“ bezeichnet. Das ist das englische Wort für „Partner“, hat aber einen freundlicheren Klang. Beim Tauchen duzen wir uns übrigens. Also darfst Du dann auch einen Erwachsenen duzen, wenn er Dein Buddy ist!

Auch „Hasi“ ist ein Buddy beim Tauchen. Dieses Stofftier wurde unter unserem Tauchboot in Ägypten angeleint und konnte uns so anzeigen, woher die Strömung kam. Zudem wussten wir dadurch immer genau, wo unser Boot lag.

Es ist immer gut, wenn Dein Tauchpartner auf Dich aufpasst, während Du abgelenkt bist. Hier drehe ich ganz konzentriert ein Video. Dabei kann man schon mal seine Umgebung aus den Augen verlieren.

Ab ins Wasser!

Beim Tauchen unterscheiden wir zwischen dem Tauchen mit Gerät, also der Pressluftflasche, und dem Tauchen mit Schnorchel, Maske und Brille, dem sogenannten Apnoe-Tauchen. Das Wort Apnoe kommt aus dem Griechischen und bedeutet wörtlich übersetzt „ohne Atmung". Damit ist gemeint, dass Du einfach die Luft anhältst.

Wenn Du tauchen möchtest, ist es sehr wichtig, es vernünftig zu erlernen, ob nun als Schnorchler oder mit Gerät. Dies kannst Du sehr gut in einem Tauchverein oder auch einer Tauchschule. Vielleicht hast Du auch bei der DLRG (Deutsche Lebens-Rettungs-Gesellschaft e. V.) oder in einem guten Schwimmverein die Möglichkeit, unter Anleitung Deine ersten Erfahrungen mit Schnorchel, Maske und Flossen zu machen. Wichtig ist es nur, dass jemand Dein Buddy ist, der sich mit den wichtigen Dingen rund um Druckausgleich, Technik und so weiter auskennt. Vieles werde ich Dir in diesem Buch erklären, aber es kann natürlich keinen kompletten Tauchkurs oder einen erfahrenen Tauchlehrer ersetzen, der Dir alles Wichtige spielerisch zeigt.

Das ABC

Beim Schnorcheln, Freitauchen oder dem Apnoe-Tauchen benutzen wir nur die sogenannte „ABC-Ausrüstung". Das sind Flossen, Maske oder Taucherbrille mit Nasenerker und Schnorchel. Flossen sehen aufgestellt ein wenig wie ein A aus, die Maske wie ein B und der Schnorchel ist fast so gebogen wie ein C – allerdings ist mit „ABC" auch gemeint, dass dies die Grundausrüstung für jeden Taucher ist.

Ein Buddy-Team beim Schnorcheln. Schön ist es, seine Erlebnisse zu teilen – und vielleicht entdeckst Du ja viel mehr als Dein Buddy und kannst ihn darauf aufmerksam machen!

Reden mit den Händen

Unter Wasser kannst Du nicht sprechen und auch nur schlecht hören. Wie also kannst Du Dich im nassen Element mitteilen? Bestimmt hast Du schon von der Gebärdensprache für Gehörlose erfahren. Sie verständigen sich mithilfe von Gesten und Gebärden. So ähnlich funktioniert das auch beim Tauchen: Wir Taucher nutzen unter Wasser ebenfalls Handzeichen und Signale, um uns zu verständigen.

Wenn Du beispielsweise sagen möchtest, „alles ist okay", formst Du ein O mit Daumen und Zeigefinger. Daumen nach oben bedeutet „auftauchen", Daumen nach unten, „wir tauchen ab". Bewegst Du Deine Hand leicht winkend, bedeutet dies, dass irgendetwas nicht in Ordnung ist. Wenn Du dann noch auf Dein Ohr zeigst, kannst Du damit sagen, dass Du den Druckausgleich nicht so gut hinbekommen hast. Dann versteht Dein Tauchpartner sofort, was los ist. Tolle Sache, oder? Die Zeichen sind ganz schnell zu erlernen, und wenn Du Deinen Tauchbuddy besonders gut kennst, entwickelt ihr zusammen vielleicht noch einige weitere Handzeichen!

Blink, blink!

Auch bei einem Nachttauchgang verwenden wir Taucher Signale, allerdings dann mit einer Lampe. So zeichnen wir mit dem Lichtstrahl einen Kreis, um ein Okay zu geben. Oder wir bewegen die Lampe schnell hin und her, um zu sagen, dass der Tauchpartner aufpassen soll.

Hier siehst Du einige wichtige Handzeichen und ihre Bedeutung

Ein Geräusch von irgendwoher

Der Schall wie zum Beispiel ein gesprochenes Wort legt an der Luft etwa 350 Meter pro Sekunde zurück. Wasser ist aber viel dichter als Luft, der Schall ist unter Wasser daher rund vier Mal schneller. Unser Gehirn hat früh gelernt, dass ein Geräusch, das nicht ganz genau von vorn oder hinten kommt, immer zuerst an einem Ohr auftrifft und erst eine Winzigkeit später am anderen Ohr. Daraus konnten wir schon als Säugling herausfinden, aus welcher Richtung ein Geräusch kommt. Weil ein Geräusch im Wasser aber so viel schneller ist als an der Luft, können wir seine Richtung nicht sofort bestimmen und es auch schlecht „verstehen".

Mit Handzeichen kannst Du unter Wasser wichtige Dinge kurz und knapp mitteilen

Tauchen – ein Teil der menschlichen Kultur

In sehr vielen Teilen der Welt leben Menschen direkt an der Küste. Um an Nahrung zu kommen, waren sie schon immer darauf angewiesen, Meerestiere wie Muscheln, Schnecken, Krebse, Langusten oder Fische zu fangen. Oft schafften sie das nur, indem sie nach diesen Tieren tauchten und sie vom Meeresboden sammelten.

Aus Ostasien und Indien gibt es archäologische Funde, die beweisen, dass dort schon vor 4 500 Jahren nach Perlen, Schwämmen und Korallen getaucht wurde. Auch im antiken Griechenland gelangten Schwammtaucher vor 2 500 Jahren nur mit dem Anhalten von Luft in Tiefen von über 30 Meter, um dort ganz besondere Badeschwämme zu sammeln.

Haenyo (das bedeutet „Meerfrauen“) werden die auf Jejudo lebenden Taucherinnen genannt. Jejudo ist eine Insel vor Südkorea. Die Haenyo tauchen noch heute ohne Gerät bis zu vier Minuten lang und bis zu 20 Meter tief nach Seeohren (das sind große Schnecken) und anderen Meerestieren, um sie auf dem Markt zu verkaufen oder ihren Familien ein leckeres und gesundes Essen zu kochen. Manchmal sind sie dabei vier oder fünf Stunden pro Tag im Wasser. Sie tauchen selbst bei einer Wassertemperatur von nur acht Grad Celsius. Das Besondere ist, dass hier nur die Frauen tauchen.

Bei vielen Inselvölkern der Südsee sind Menschen als Perlentaucher tätig, mittlerweile jedoch meist mithilfe moderner Tauchgeräte.

Rund 350 vor Christus beschrieb der griechische Gelehrte Aristoteles die Funktionsweise der Tauchglocke, die Schwammtaucher verwendeten. 100 Jahre später entdeckte Archimedes die Gesetze des Auftriebs.

Ein rascher Streifzug durch die Geschichte des Tauchens:

350 vor Christus altgriechische Tauchglocke

15. Jahrhundert Taucheranzug mit Luftversorgung von Leonardo da Vinci

17. Jahrhundert Erfindung des Barometers

1691 Tauchglocke mit Luftversorgung

1715 Tauchtonne

1788 erste Tauchtonne mit Kompressor

Eine moderne Tauchglocke

In solchen Helmtauchanzügen arbeiteten früher Schwammtaucher. Die Anzüge waren unbeweglich, sehr schwer und auch nicht besonders sicher.

Haenyo werden die Berufstaucherinnen Südkoreas genannt

Auch Leonardo da Vinci, das große Genie des 15. Jahrhunderts, befasste sich mit dem Tauchen und entwarf einen ledernen Anzug mit Kappe und Maske sowie einen Blasebalg zur Versorgung mit Luft. Im Jahr 2003 wurde diese Ausrüstung sogar ausprobiert – sie funktionierte zwar, erwies sich allerdings als nicht besonders praktisch. Im 18. Jahrhundert probierte man sogenannte Tauchtonnen aus. Als geeigneter erwiesen sich jedoch die Ende des 18. Jahrhunderts entwickelten Helmtauchanzüge, die ein bisschen an Astronautenanzüge erinnern. Der Taucher darin wurde über einen Schlauch mit Luft versorgt und konnte unter Wasser Arbeiten verrichten. Über die nächsten Jahrzehnte wurden solche Anzüge daher immer weiter verbessert, und im 20. Jahrhundert schließlich erfolgten viele Erfindungen, die das Tauchen allmählich auf den Stand brachten, auf dem wir heute sind.

Maske, Schnorchel und am besten noch Flossen – mehr brauchst Du nicht zum Schnorchel-Vergnügen!

Schnorcheln – ein gutes Training für Taucher!

Gerätetauchen ist nur eine Art, wie Du das Tauchen erleben kannst. Ein sehr gutes Training, um mit den langen Flossen zurechtzukommen, ist das Schnorcheln. Um dabei unter Wasser die tollen Fische, Korallen oder andere spannende Dinge entdecken zu können, brauchst Du zudem eine Tauchermaske oder auch Tauchbrille. Diese muss immer einen Nasenerker haben, damit Du einen Druckausgleich machen kannst – mehr dazu verrät Dir die schlaue Eule Xabi auf dieser Seite. Eine „einfache“ Schwimmbrille, die nur die Augen bedeckt, reicht da nicht!

Warum aber benötigst Du überhaupt eine Brille oder Maske? Das menschliche Auge ist dafür geschaffen, an der Luft scharf zu sehen. Wasser dagegen ist ein ganz anderes Medium, und daran sind unsere Augen nicht angepasst. Ohne Maske sehen wir unter Wasser daher nicht scharf. Probiere es einmal aus: Öffne im Hallenbad oder im Badesee unter Wasser einfach einmal die Augen. Richtig gut beziehungsweise scharf kannst Du sicher nichts erkennen, oder? Tauchende Säugetiere wie Wale, Delfine oder Robben besitzen im Gegensatz zu uns Menschen spezielle Augen, mit denen sie sehr gut unter Wasser sehen können, dafür aber über Wasser meist recht schlecht.

Druckausgleich in der Brille

Auch für den luftgefüllten Raum in der Taucherbrille, also für den Schutz Deiner Augen, kannst Du einen Druckausgleich durchführen, nämlich mit Luft aus Deiner Nase! Ein weiterer Vorteil des Nasenerkers besteht darin, dass Du auch eingedrungenes Wasser aus der Maske ausblasen kannst. Dafür brauchst Du nur den oberen Rand der Maske an die Stirn zu drücken und dann durch die Nase auszuatmen. Schwupps, ist das ganze Wasser aus der Maske entfernt! Ganz einfach, und Du kannst weiter auf Entdeckungstour gehen.

Es gibt noch eine Besonderheit, wenn Du eine Tauchermaske unter Wasser trägst, die mit der Physik zu tun hat. Durch die unterschiedlichen Medien wie Luft, Glas oder Kunststoff der Brille und das Wasser davor wird das Licht gebrochen und Dinge erscheinen Dir näher und auch größer als sie in Wirklichkeit sind! Da wird ein Fisch, der eigentlich nur 75 Zentimeter misst, Dir auf einmal fast einen Meter groß vorkommen! Wenn dann Taucher nach einem Tauchgang beeindruckt von den riesigen Fischen erzählen, die sie gesehen haben, fällt dies oft unter das „Taucher-Latein“, es sind also häufig (unabsichtliche) Übertreibungen.

Druckausgleich für die Ohren

Luft ist wesentlich leichter als Wasser. Aber dennoch ist eine Luftsäule von 10 000 Metern Höhe fast so schwer wie eine Wassersäule von 10 Metern. Wenn Du über einen Berg fährst oder in einem Flugzeug sitzt, merkst Du diesen Luftdruck, der auf Deine Ohren einwirkt. Beim Tauchen spürst Du diesen Druck auf den Ohren schon ab etwa einem Meter Tiefe. Das kann sogar ein wenig wehtun. Wenn Du aber nach jedem Meter, den Du abtauchst, einen Druckausgleich machst, dann spürst Du keinen Schmerz. Der Druckausgleich ist ganz einfach zu bewerkstelligen. Du hältst Dir mit Daumen und Zeigefinger die Nase (im Nasenerker der Maske) zu und versuchst ganz vorsichtig (!) durch die Nase auszuatmen.

Apnoe-Taucher mit einer sogenannten Monoflosse, die dabei hilft, schnell in große Tiefen abzutauchen

Apnoe-Tauchen

Beim Tauchen unterscheiden wir zwischen dem Tauchen mit Gerät und dem Tauchen mit Schnorchel, Maske und Brille, dem sogenannten Apnoe-Tauchen. Das Wort Apnoe (sprich: „apnö") kommt wie gesagt aus dem Griechischen und bedeutet wörtlich übersetzt „ohne Atmung" – und steht somit für das Luft-Anhalten beim Abtauchen ohne Gerät.

Neben dem „normalen" Schnorcheln an der Wasseroberfläche gibt es aber auch noch eine richtige Disziplin beim Tauchen, die sich Apnoe- oder auch Freitauchen nennt. Dabei versucht der Taucher ohne Hilfsmittel wie Taucherflaschen oder Atemgeräte möglichst lange oder tief abzutauchen – nur mit der Luft, die er vor dem Tauchen eingeatmet hat. Ganz ähnlich machen es alle Meeressäugetiere. Wichtig dabei ist es, die richtige Technik zu erlernen und zudem auch hier nie alleine zu sein! Wir haben daher auch beim Freitauchen immer einen Buddy an unserer Seite. Apnoe-Taucher benutzen oft extra lange und harte Flossen. So kommen sie noch schneller in die Tiefe. Ein wenig Training ist schon notwendig, um so große Flossen nutzen zu können.

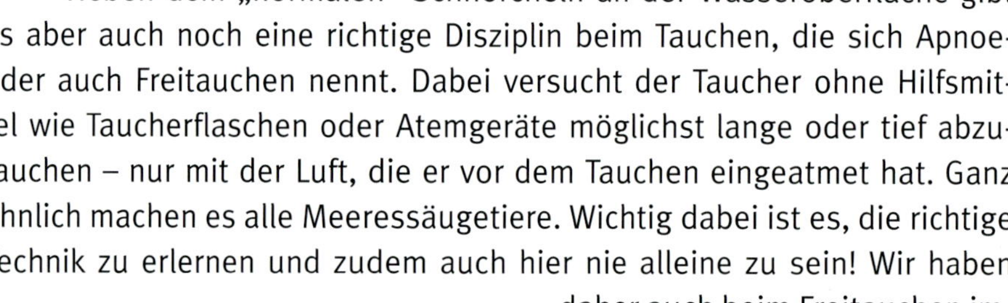

Tief, tiefer, am tiefsten

Die Faszination, ohne Pressluft ins weite Blau des Meeres hinabzuschnellen, hat für viele Apnoe-Taucher eine magische Anziehungskraft. Sich ganz auf sich und seinen Körper zu konzentrieren, erfordert Übung und Geduld. Ziel ist es, eins zu werden mit dem Meer und der Natur und sich entspannt auf die Unterwasserreise zu begeben.

Mit der Monoflosse ähnelt der Bewegungsablauf des Tauchers dem eines Delfins. Hier siehst Du eine Apnoe-Taucherin mit einer solchen Flosse beim Auftauchen aus der Tiefe.

Schildkröten und Meerechsen – Taucher seit Urzeiten

Wusstest Du, dass es auch eine Echsenart gibt, die sich speziell an die Verhältnisse im Meer angepasst hat? Galápagos-Meerechsen tauchen bis zu 15 Meter tief, um dort unter Wasser ihre bevorzugte Nahrung von Felsen abzuweiden: Algen und Tange. Um mit dem vielen Salzwasser klarzukommen, das sie beim Fressen aufnehmen, haben sie einen tollen Trick entwickelt – sie können überschüssiges Salz über Drüsen in der Nase ausscheiden.

Meeresschildkröten bei einem Tauchgang zu begegnen, ist immer eine echte Freude! Sie schweben ruhig und gelassen durch das Wasser und kommen manchmal sogar neugierig auf Dich zu geschwommen.

Im Gegensatz zu Meeresechsen, die nur auf den Galápagosinseln vorkommen, sind Meeresschildkröten echte Weltreisende. Sie lassen sich als frisch geschlüpfte, kaum 10 Zentimeter große Winzlinge von den Meeresströmungen verdriften, um oft erst nach über 20 Jahren an den Strand zurückzukommen, an dem sie einst das Licht der Welt erblickten. Meeresschildkröten sind echte Langstreckentaucher und können sogar unter Wasser schlafen. Dennoch müssen sie ab und an auftauchen, um zu atmen.

Die Meerechsen von den Galápagosinseln haben als einzige Echsenart gelernt, Algen im Meer abzuweiden. Sie können bis zu 20 Minuten lang tauchen.

Anpassungen ans Tieftauchen

Alle tauchenden Säugetiere haben sich im Lauf ihrer Entwicklung an das Leben im Wasser angepasst. So kann das Blut eines Seeelefanten vier Mal mehr Sauerstoff speichern als das des Menschen. Zudem ist sein Brustkorb sehr beweglich und kann dem steigenden Wasserdruck nachgeben. Auch fahren diese Tiere ihren Stoffwechsel für bestimmte Organe wie Leber oder Nieren herunter, um Luft zu sparen. Der Herzschlag wird beim Tauchen ebenfalls extrem verlangsamt – das Herz pocht dann oft nur noch ein paar Mal pro Minute.

Rekord-tieftaucher

Es gibt unter den Vögeln und Meeressäugern einige echte Rekordtieftaucher. Neben Papageitauchern, Tölpeln oder auch Kormoranen, die sogar im Süßwasser tauchen, können vor allem die Pinguine unheimlich tief tauchen. Rekordjäger sind dabei die Kaiserpinguine, die in Tiefen von bis zu 500 m nach Fischen und Krill jagen, also kleinen Krebstierchen. Aber es gibt Tiere, die mit einem Mal Luftanhalten noch tiefer abtauchen können. Bis 700 Meter tief etwa tauchen manche Robbenarten. Südliche Seeelefanten schaffen im Extremfall sogar über 2 300 Meter Tiefe, Pottwale bis 2 500 Meter, wahrscheinlich sogar noch mehr. Der absolute Rekordhalter und somit König unter den Tieftauchern aber ist der Cuvier-Schnabelwal. Bis fast 3 000 Meter taucht er auf der Jagd nach Tintenfischen hinab! Dabei kann er über zwei Stunden die Luft anhalten.

Im Vergleich dazu sind wir echte Anfänger. Die Rekordtaucher unter den Menschen können mit Flossen knapp 100 m tief tauchen – dies aber erst nach vielen Jahren des Trainings und immer mit einem Team von Helfern, die im Ernstfall eingreifen können.

Pinguine sind hervorragende Taucher und schnelle, wendige Jäger. Ihre Nahrung sind kleine Fische wie Sand-Aale oder auch Krebstierchen wie Krill.

Außer Pottwal und Cuvier-Schnabelwal (sprich: „Küwjee“) taucht kein Säugetier tiefer als der Südliche Seeelefant

Der absolute Tieftauch-Champion unter den Säugetieren: der Cuvier-Schnabelwal

Ewige Dunkelheit: die Tiefsee

Der Mensch taucht nicht nur mit Flossen und Flasche, sondern seit Langem auch mit U-Booten, also Schiffen, die tauchen können. Ganz besonders interessant ist dabei die Tiefsee. Sie fängt dort an, wo kein Licht das Wasser mehr durchdringen kann. Man spricht auch von „ewiger Dunkelheit“, denn dort ist es dunkler als selbst an Land in einer mondlosen Nacht. Allerdings haben viele Tiere die Fähigkeit entwickelt, selber Licht zu erzeugen. Dies nennt der Fachmann Biolumineszenz. So können sie sich miteinander verständigen, aber auch ahnungslose Beute anlocken.

In der Tiefsee herrscht ein sehr großer Druck, es ist sehr kalt, und es gibt kaum Nahrung. Nur wenige Arten konnten sich an diesen extrem schwierigen Lebensraum anpassen. Meist sehen sie sehr urtümlich und seltsam aus, etwa die Tiefseefische. Obwohl sie oft sehr klein sind, wirken sie in Großaufnahme richtig schauerlich. Zum Glück misst beispielsweise der Tiefsee-Anglerfisch nur knapp zehn Zentimeter. Er kann jedoch Beute überwältigen, die genauso groß ist wie er selbst. Erkennst Du die leuchtende Angel vor seinem Kopf? Sie verleiht ihm den Namen: Er bewegt sie hin und her, und wenn ein anderes Tier neugierig

Tiefseequallen erbeuten mit ihren Nesselfäden Garnelen oder kleine Fische

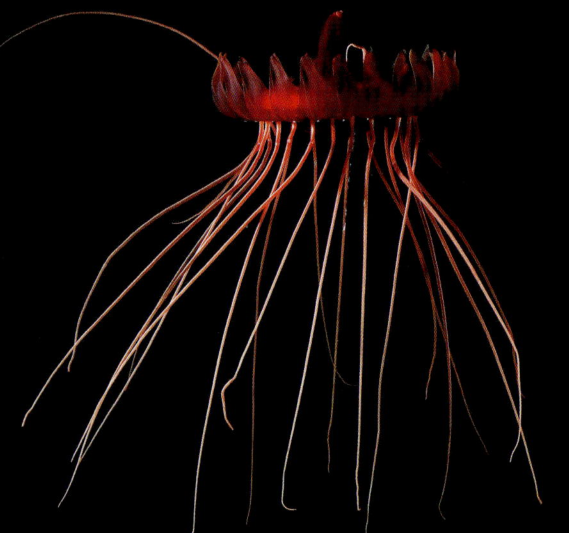

Unvorstellbar tief

Ab 700 Metern unter der Meeresoberfläche beginnt die dunkle Tiefsee. Dorthin kommen nur unsere Tieftaucher unter den Meeressäugern und Forschungs-U-Boote. Die tiefsten Stellen der Meere sind tiefer, als der höchste Berg, der Mount Everest, hoch ist: Über 10 500 Meter geht es an der tiefsten Stelle des Meeres nach unten! Doch selbst an diesen Ort sind Menschen mit einem ganz speziellen U-Boot getaucht.

herbeikommt, reißt der Anglerfisch sein im Verhältnis zum Körper riesiges Maul auf und saugt die Beute blitzschnell ein. Auch viele andere Fische, Quallen oder Kopffüßer können Licht erzeugen. Ein Beispiel dafür sind die wunderschönen Leuchtkraken. Mit dem Licht wollen sie wahrscheinlich Fressfeinde abschrecken oder kleine Krebstiere anlocken.

Wissenschaftler gehen davon aus, dass wir erst sehr wenig über die Tiefsee wissen und es noch sehr viel zu entdecken gibt. Aus diesem Grund brechen Forschungs-U-Boote zu Expeditionen mit sehr langen Tauchgängen auf, um mehr über neue Tierarten herauszufinden.

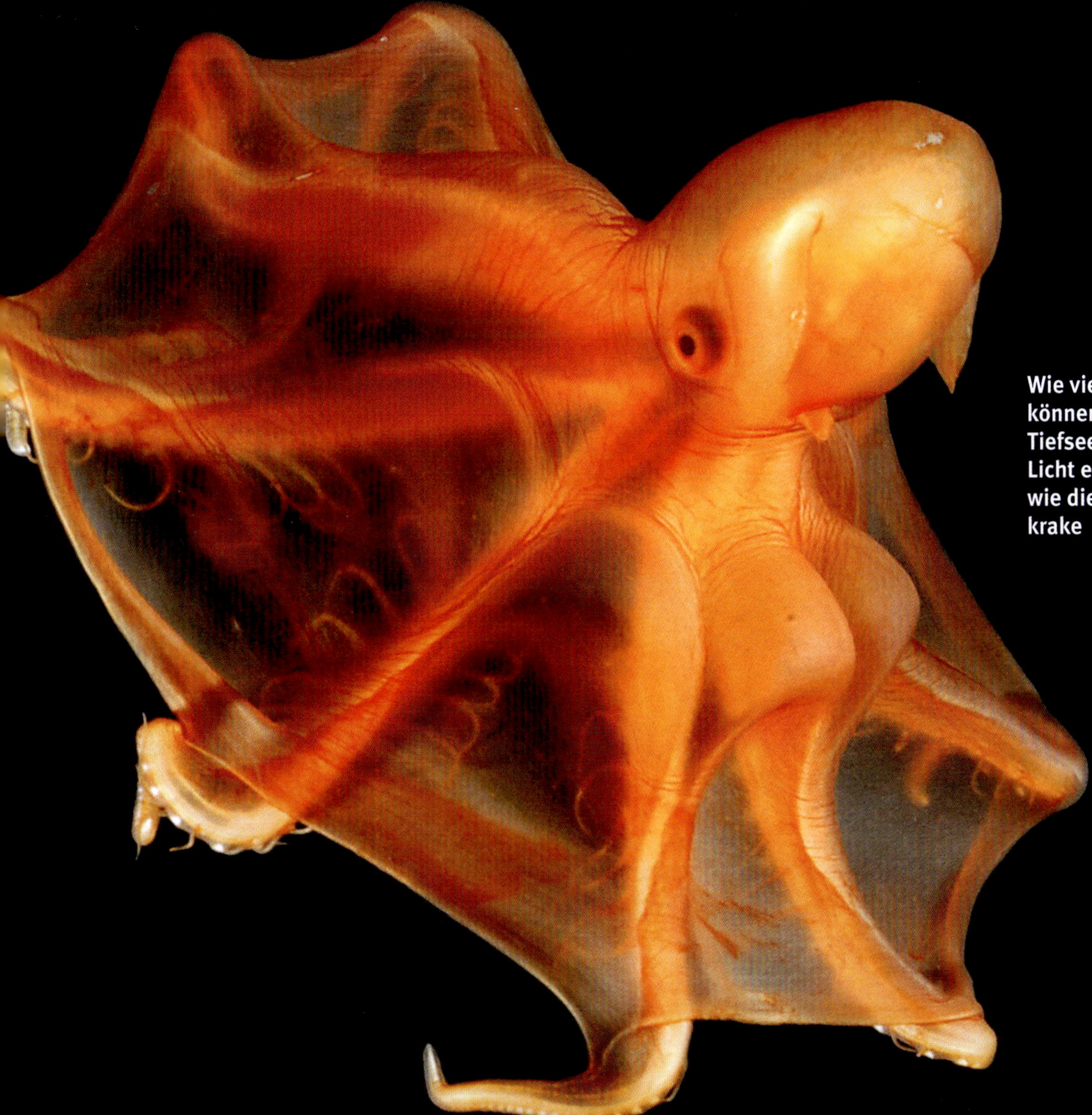

Wie viele Fische können auch etliche Tiefsee-Wirbellose Licht erzeugen, so wie dieser Leuchtkrake

Ein Wissenschaftler betrachtet aus dem Forschungs-U-Boot Jago heraus die Welt der Tiefsee

Das GEOMAR-Forschungstauchboot Jago wird zu Wasser gelassen

Forschungs-U-Boote

Damit wir Menschen in extreme Tiefen hinabtauchen können, um uns dort umzuschauen, wurden Tiefsee-U-Boote entwickelt. Die tiefste Stelle der Meere erforschten erstmals zwei wagemutige Entdecker im Jahr 1960: Don Walsh und Jacques Piccard tauchten mit der „Trieste", einem speziell für große Tiefen entwickelten U-Boot, zum tiefsten Punkt der Erde, auf 10 700 Meter. Dieser Punkt liegt im Marianengraben vor der Küste Japans. Das kugelförmige Boot, mit dem sie dorthin gelangten, wurde in Deutschland gebaut. Seine Hülle bestand aus neun Zentimeter dickem Stahl!

U-Boote werden heute auch weiterhin zur Erforschung unserer Meere eingesetzt. So konnten beispielsweise Fotos faszinierender Arten von Fischen, Quallen, Kopffüßern oder anderen Wirbellosen aus der Tiefsee aufgenommen werden. Auch in Deutschland haben wir ein spezielles U-Boot, um überall auf der Welt neue Entdeckungen zu machen. Im GEOMAR-Institut in Kiel kannst Du viele interessante Dinge darüber erfahren und den Besuch mit einem Abstecher im Aquarium abrunden.

Taucher oder Astronaut

Die Anfänge des Gerätetauchens sind kaum hundert Jahre alt. Damals mussten Taucher einen richtig unbequemen Anzug anziehen. Dazu kamen schwere Schuhe aus Blei, die teilweise über 20 Kilogramm wogen. Der Taucherhelm wurde von mehreren Helfern zum Abdichten an den Anzug geschraubt und brachte oft ebenfalls über 20 Kilogramm auf die Waage. Über lange Schläuche war der Taucherhelm mit der Oberfläche verbunden. Anfangs mit handbetriebenen Pumpen, später mit den ersten Kompressoren wurde ihm durch diese Schläuche Luft geschickt. In einem solchen Anzug konnte sich der Taucher kaum bewegen und lief über den Grund, anstatt so zu schweben, wie wir es mit der modernen Ausrüstung heute können. Super, dass sich in den letzten 50 Jahren so viel bei der Entwicklung einfacher und leichter Tauchausrüstung getan hat!

Taucheranzug, ob alt oder modern, und Astronautenanzug haben die gleiche Funktion: Sie sollen vor Kälte schützen und zudem das Atmen in einer Umgebung ermöglichen, die ansonsten nicht erreichbar wäre.

Über 70 Prozent unseres Planeten sind mit Wasser bedeckt. Deshalb nennt man die Erde auch den „blauen Planeten“. Es gibt also viel zu entdecken für uns Wasserratten!

Um Dir eine Ausrüstung ausleihen zu können, brauchst Du Dein Logbuch und Dein Brevet

Jede Menge Zubehör

Mittlerweile gibt es ein riesiges Angebot an Tauchzubehör, da das Tauchen eine richtig beliebte Breitensportart geworden ist. Um den Körper vor Auskühlung zu schützen, haben die meisten Taucher einen Neopren-Tauchanzug an. Auf dem Rücken des Tauchers siehst Du meist Flaschen, aus denen sie über ein Gerät atmen. Eine Art Rettungsweste ist das sogenannte Jacket (sprich: „Dschäcket"), auch Tarierweste genannt. Um den Weg unter Wasser zu finden und sich zu orientieren, benutzen die meisten Taucher einen Kompass, einen Tiefenmesser oder auch Tauchcomputer. Es ist immer wichtig zu wissen, wie tief und wie lange man taucht.

Scooter helfen Dir, auch gegen stärkere Strömungen anzukommen. Es macht unheimlich viel Spaß, mit so einem Gerät durchs Wasser zu flitzen. Du darfst jedoch nie zu schnell damit auf- oder abtauchen.

Eine hochwertige Ausrüstung ist beim Tauchen Pflicht, damit Du das Hobby wirklich sicher betreiben kannst

Eine Lampe hilft Dir, Farben und Details zu erkennen und Dich zurechtzufinden

Außerdem brauchen sie ein Finimeter, das ihnen anzeigt, wie viel Atemluft sie noch in der Flasche haben – ähnlich wie die Tankanzeige in einem Auto. Je nach Wassertemperatur tragen Taucher auch Handschuhe, Füßlinge oder eine Kopfhaube, die den Kopf vor Auskühlung schützen soll. Sogar in ganz kaltem Wasser wie etwa am Nordpol kann man tauchen. Das ist aber wirklich nur etwas für absolute Experten, und die haben dann einen speziellen Trockentauchanzug an, bei dem der Körper gar nicht mehr nass wird.

Bei einem Tauchkurs lernst Du, wie die verschiedenen Ausrüstungsteile wie Flasche, Jacket oder Atemregler korrekt zusammengebaut werden

Tauchanzüge – die richtige Auswahl für die entsprechende Wassertemperatur

Um auch in unseren heimischen Seen oder Ostsee und Nordsee tauchen zu können, solltest Du immer einen Tauchanzug tragen. An der Oberfläche kann es im Sommer zwar schön warm sein, aber je tiefer Du tauchst, desto kälter wird das Wasser. Kaltes Wasser ist nämlich viel schwerer als warmes. Wir Taucher wissen dies und planen daher unseren Tauchgang und unsere Ausrüstung entsprechend. In ganz warmen Gewässern wie der Karibik oder dem Mittelmeer kann Dich im Hochsommer ein leichter Anzug vor zu viel Sonne schützen. Du wirst vielleicht auch ein wenig besser an der Oberfläche schwimmen können, selbst wenn Du nur einen kurzen Anzug trägst, einen sogenannten Shorty (sprich: „Schoati"). Der lässt Arme und Beine frei, schützt aber den Körper und gibt Auftrieb.

Kurze Tauchanzüge mit freien Armen und Beinen werden Shorty genannt

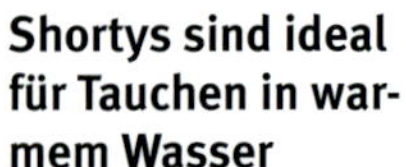

Shortys sind ideal für Tauchen in warmem Wasser

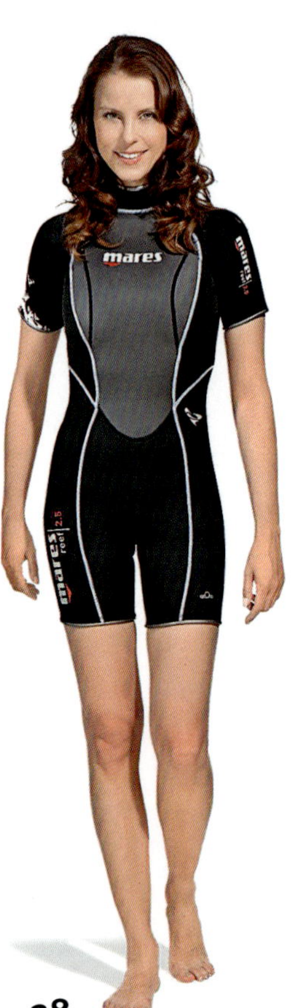

Neoprenanzug. Über den Kopf verliert man die meiste Wärme – davor schützt die Haube.

Warmer Halbtrockentauchanzug mit Rückenreißverschluß

Trockentauchanzug aus Trilaminat. Dieses Nylongewebe wird auch für Schutzwesten verwendet. Es ist sehr robust, und der Körper bleibt darin komplett trocken.

Füßlinge halten warm und schützen auch vor scharfen Steinen, wenn Du ins Wasser gehst

Neopren – der Stoff für Tauchanzüge

Neopren ist eine Form von Schaumstoff, der viele Gasbläschen enthält. Aus diesem Schaumstoff werden Taucheranzüge geschneidert. Meist sind sie noch mit einem sehr robusten Stoff wie Nylon oder Lycra kaschiert, damit sie noch fester sind. Durch die vielen kleinen Blasen bekommt der Anzug eine sehr gute thermische Isoliereigenschaft – das bedeutet, er schützt Dich in kaltem Wasser gegen Auskühlung. Um abtauchen zu können, brauchst Du je nach Dicke des Schaumstoffs ein wenig Blei, denn die Gasblasen im Neopren verleihen Dir Auftrieb. Sehr praktisch ist das natürlich, wenn Du an der Oberfläche schnorcheln möchtest.

Im Winter ziehst Du bestimmt warme Handschuhe an, oder? Taucher tragen in kalten Gewässern ebenfalls Handschuhe. Es gibt aber auch Gebiete, in denen das Tragen von Handschuhen beim Tauchen nicht gestattet ist. Damit sollen schlecht ausgebildete Taucher daran gehindert werden, alles unter Wasser einfach anzufassen und vielleicht sogar Korallenäste abzubrechen. Du passt jedoch immer gut auf und gehst behutsam mit der Umwelt unter Wasser um. Deshalb lernen wir ja auch, was es bedeutet, ein guter Taucher zu sein.

Jetzt hast Du die komplette Ausrüstung für Schnorchler oder Apnoe-Taucher kennengelernt. Aber Du wartest bestimmt schon ganz gespannt darauf, wann wir mit einem Tauchgerät abtauchen, um unter Wasser atmen zu können. Pass gut auf – ich stelle Dir nun die einzelnen Teile der Tauchausrüstung genau vor.

5-Finger-Handschuhe sind meist 4 bis 5 mm dick und bestehen aus Neopren. Sie halten die Hände schön warm.

Nur mit der richtigen Ausrüstung gelingen sichere und spannende Tauchgänge

Jacket oder Tarierweste

Beim Gerätetauchen hast Du eine Tauchflasche, etwas Blei und weitere Ausrüstungsteile dabei. Dies alles wiegt ganz schön viel und würde im Wasser alleine einfach untergehen. Damit Dich die Ausrüstung nicht in die Tiefe zieht, musst Du tarieren, also Dein Gewicht so verändern, dass Du in der gewünschten Tiefe auf der Stelle schweben kannst. Dies funktioniert mithilfe des Jackets. Das ist eine Art Auftriebskörper: Durch das Einblasen beziehungsweise Ablassen von Luft kannst Du Dich immer genau austarieren. So kannst Du unter Wasser perfekt schweben und Dich frei wie ein Vogel am Himmel oder wie ein Fisch im Wasser fühlen. Dieses Gefühl ist vergleichbar mit dem Fliegen, da Du ganz wunderbar schwerelos im Wasser schwebst und Dich tragen lassen kannst. An der Wasseroberfläche bläst Du dann viel Luft in das Jacket, kannst Dich entspannt ausruhen und brauchst nicht wild „herumzupaddeln“. Am Jacket wird auch die Tauchflasche befestigt, aus der Du atmest. Meist ist ein Gestell am Rücken eingearbeitet, das es Dir leicht macht, die Flasche sicher und bequem zu tragen.

Das physikalische Gesetz, das hinter dem Tarieren steckt, ist das Prinzip von Archimedes. Archimedes war ein bedeutender griechischer Mathematiker, Physiker und Ingenieur. Er lebte von etwa 287 vor Christus bis 212 vor Christus. Archimedes entdeckte, dass etwas auf dem Wasser schwimmt, wenn es mehr Wasser verdrängt, als es selbst wiegt. Deshalb kann ein Ozeanriese, also ein großes Schiff aus Stahl, schwimmen, obwohl eine kleine Ein-Euro-Münze untergeht. Wenn Du Luft in Dein Jacket gibst, gleichst Du den negativen Auftrieb, also das hohe Gewicht Deiner Flasche, aus und kannst schwerelos im Wasser schweben. Dadurch sparst Du viel Kraft und

Ein hochwertiges Tarier-Jacket mit integrierten Bleitaschen

auch Luft, die Du durch erhöhte Anstrengung verbrauchen würdest. Am Jacket selbst findest Du viele Haken und auch D-Ringe aus Metall. Daran kannst Du bestimmte Zubehörteile wie Kompass, Lampe oder vielleicht eine Fotokamera befestigen, damit Du sie nicht verlierst. Zudem kannst Du Dein Jacket mithilfe verstellbarer Gurte und Riemen perfekt auf Deinen Körper einstellen. Eine wirklich tolle Erfindung!

Mit größeren Tauchbooten geht man auf Tauch-Safari, die oft eine Woche oder länger dauert. So erreichen wir Taucher weit entlegene Riffe und können viele Tauchgänge machen.

Die ersten Übungen für einen Tauchkurs machst Du im Schwimmbad. Dort ist es nicht so tief, sodass Du jederzeit aufstehen kannst.

Nicht nur Pressluft!

Du kannst jetzt die Tauchflasche am Jacket befestigen und richtig gut festzurren. Ein wenig Kraft brauchst Du schon dafür. Und Du solltest auch den Sitz überprüfen: Die Flasche soll doch nicht rausrutschen.

An jeder Tauchflasche befindet sich ein Ventil mit einem oder zwei Hähnen zum Aufdrehen. Die Flasche besteht meist aus Stahl, aber vor allem im Ausland werden auch gerne Aluminiumflaschen benutzt. Die Flaschen sind mit komprimierter, also zusammengedrückter Luft gefüllt. Dafür benötigt man einen Kompressor, der wie eine Luftpumpe arbeitet, mit der Du den Reifen Deines Fahrrades aufpumpen kannst. Nur ist der Kompressor natürlich viel größer und hat viel mehr Kraft. Denn Du möchtest ja auch ganz viel Luft in Deiner Flasche zum Tauchen mitnehmen, damit Du alles entdecken kannst, was der Tauchplatz zu bieten hat. Je nachdem, wie lange wir tauchen wollen, brauchen wir unterschiedlich große Flaschen. Du als Kind bekommst normalerweise eine Flasche mit 5 oder 8 Litern Fassungsvermögen, Erwachsene bekommen größere. Der Atemregler sorgt dafür, dass Du die mit hohem Druck in die Flasche gepresste Luft ganz normal atmen kannst.

Beim sogenannten Tek-Tauchen, dem technischen Tauchen, wird nicht nur normale Luft zum Atmen genutzt, sondern es kommen andere Mischungsverhältnisse oder neue Gase wie Helium in höheren Mengen dazu. Dies soll Dich hier nicht weiter beschäftigen, aber es ist ein ganz weites Feld, das Du später einmal entdecken kannst.

Jede Menge Druck!

Um möglichst viel Luft in eine Taucherflasche zu pumpen, brauchst Du eine Menge Druck – für den sorgt der Kompressor. Gewöhnliche Taucherflaschen haben meist einen Druck von 200 bar. Das ist eine Maßeinheit für den Druck. Ein Autoreifen hat meist einen Druck von 2 bar. Jetzt stell Dir mal das Hundertfache vor – so viel Druck herrscht in einer Tauchflasche!

Atemregler mit dem Finimeter und zwei zweiten Stufen. Es sind deshalb zwei zweite Stufen, damit Du bei Bedarf Deinem Buddy oder einem anderen Taucher mit Luft aushelfen kannst.

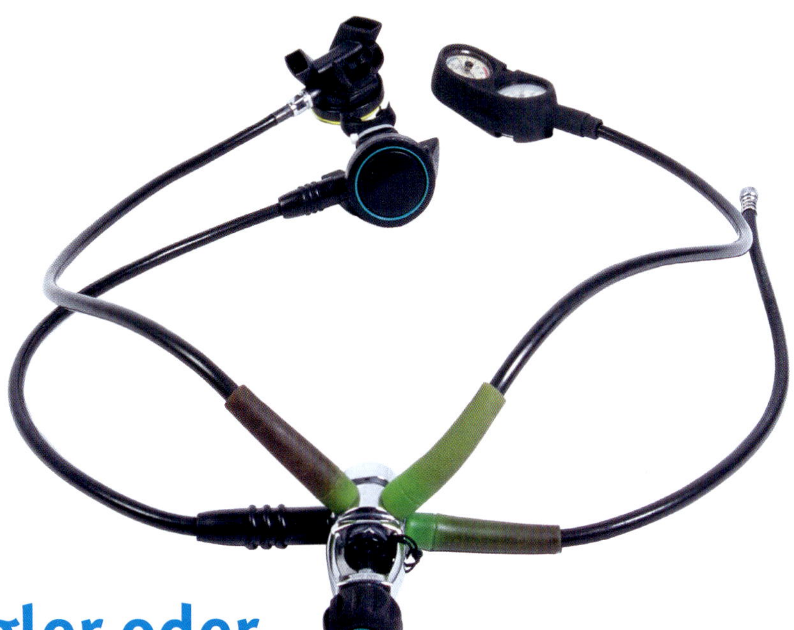

Atemregler oder Lungenautomaten

Wie Du eben schon gelesen hast, brauchen wir unbedingt einen Atemregler, der ins Ventil eingeschraubt wird. Er senkt den sehr hohen Druck, der in der Flasche herrscht, auf ein für uns gesundes Maß. Wir dürfen niemals direkt aus der Flasche atmen, denn dieser hohe Druck wäre viel zu stark für unsere Backen und unsere Lunge! Der Atemregler hat zwei Stufen. Die erste sitzt direkt am Ventil und regelt den Druck von 200 bar Hochdruck auf ca. 10 bar, also einen mittleren Druck. Dann kommt die zweite Stufe – das ist das, was Du beim Tauchen im Mund hast und woraus Du atmest. Diese Stufe reguliert die 10 bar auf den Umgebungsdruck, also immer genau auf den Druck unter Wasser, bei dem Du gerade tauchst. Das ist wichtig, denn wie Du Dich sicher erinnerst, steigt der Wasserdruck ja viel schneller als der Luftdruck.

Der Atemregler wird an der Tauchflasche angebracht

Was ist Luft?

Luft besteht aus verschiedenen Gasen. Der größte Anteil mit 78 Prozent ist Stickstoff. Sauerstoff ist zu knapp 21 Prozent in der Luft enthalten. Dann kommen noch ein paar Edelgase wie Helium dazu – zusammen machen sie knapp 1 % aus. Menschen und Tiere benötigen Sauerstoff zum Leben. Stickstoff ist für uns über Wasser nicht so wichtig, beim Tauchen spielt er aber eine sehr wichtige Rolle. Dies hat wieder mit dem höheren Druck beim Abtauchen zu tun. Dazu mehr auf Seite 34.

Dieser Tauchcomputer lässt sich wie eine Armbanduhr tragen

Computer und Tauchtabellen – das richtige „Rezept“ für einen gelungenen Tauchgang

Es wurden extra Tauchtabellen entwickelt, die Dir bei der Planung eines schönen und gelungenen Tauchgangs helfen. Um es uns sogar noch leichter zu machen, gibt es heute sehr gute Tauchcomputer, die mit diesen Tabellen programmiert wurden und für uns unter Wasser immer mitrechnen. Natürlich sind das keine Computer, wie sie in Büros oder zu Hause stehen – denn wasserdicht und klein müssen sie schon sein!

Beim Gerätetauchen atmen wir das Gas aus der Flasche, also meist Luft, unter einem hohen Druck ein. Denn pro 10 Meter Tiefe nimmt der Druck unter Wasser um ein Bar zu! Deshalb machst Du auch immer jeden Meter, den Du tiefer tauchst, einen Druckausgleich.

Du hast schon gelesen, dass die Luft zu mehr als drei Vierteln aus Stickstoff besteht. Erhöht sich nun der Druck beim Tauchen, tritt dieses Gas in unsere Körperflüssigkeiten ein. Blut und alle Organe enthalten viel Flüssigkeit, unser ganzer Körper besteht zu 70 Prozent daraus. Beim Tauchen speichert der Körper mit zunehmender Dauer und zunehmender Tiefe, also bei wachsendem Druck, immer mehr davon – ähnlich wie Du es vielleicht von Sprudelwasser kennst: Beim Sprudelwasser wird der Druck über dem Wasser so erhöht, dass Gas in die Flüssigkeit eintritt. Diesen Stickstoff müssen wir natürlich wieder loswerden.

Stickstoff

Stickstoff ist ein sogenanntes Inertgas. Das bedeutet, es ist an unserem Stoffwechsel nicht beteiligt – wir atmen es also mit der Luft ein, es wird im Körper aber nicht verwendet. Daher bemerken wir im Normalzustand gar nichts davon.

Die Tauchcomputer berechnen nun, wie viel Stickstoff im Körper gespeichert ist, zum Beispiel im Blut oder in Geweben wie Haut und Muskulatur. Sie sagen Dir damit auch, wie lange Du auf einer bestimmten Tiefe bleiben darfst und wie lange Du insgesamt tauchen kannst. Wenn wir nämlich zu schnell auftauchten, würde der Stickstoff einfach ausperlen, wie wenn man eine Sprudelwasserflasche öffnet. Im Körper kann das schlimme Folgen haben. Man nennt das Dekompressionsunfall oder Dekompressionskrankheit.

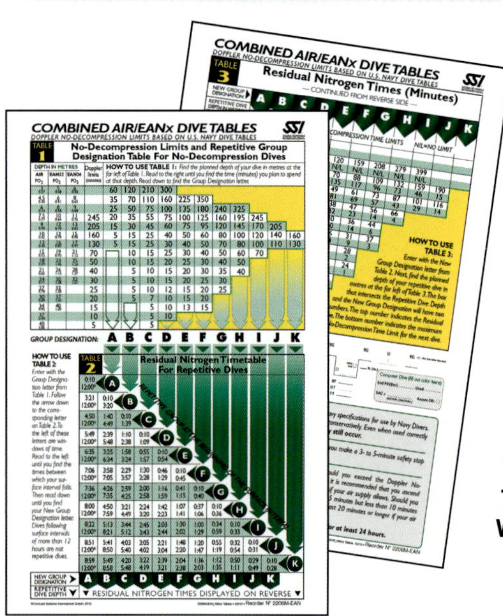

Tauchtabellen zeigen Dir, wie lange Du auf welcher Tiefe verweilen kannst, ohne Probleme zu bekommen. Wie Du sie benutzt, lernst Du in einem Tauchkurs.

Das Finimeter zeigt Dir an, wie viel Luft noch in der Flasche ist. Hier steht der Zeiger kurz vor dem roten Bereich. Du musst also den Tauchgang beenden, denn Du solltest mit 50 bar an der Oberfläche ankommen.

Das Finimeter – die „Tanknadel“ für Taucher

Beim Autofahren sollte der Tank nie leer werden, sonst bleibt der Wagen liegen, und das könnte weit weg von der nächsten Tankstelle auf einer viel befahrenen Straße oder einer Autobahn unangenehm oder sogar gefährlich werden. Bei meinen Tauchkursen erzähle ich oft, dass Tauchen fast so ist wie Autofahren. Viele Dinge, die Du später, wenn Du einen Führerschein haben wirst, beachten musst, solltest Du auch beim Tauchen im Sinn haben. Unsere „Tanknadel“ beim Tauchen ist das Finimeter oder kurz „Fini“ genannt. Dieses Instrument zeigt Dir an, wie viel Luft Du noch in Deiner Flasche hast. Es ist sehr wichtig, oft aufs eigene Fini zu schauen und auch zu wissen, wie viel Luft Deinem Tauchbuddy noch zu Verfügung steht. Es gibt sogar eigene Handzeichen dafür, um unter Wasser beispielsweise auszudrücken, dass nur noch 100 bar auf der Flasche sind. Manche Computer haben auch eine Anzeige für den Luftvorrat und berechnen damit weitere wichtige Faktoren für Deinen Tauchgang. Denn je tiefer Du tauchst, desto mehr Luft verbrauchst Du und desto kürzer wird Dein Tauchgang sein.

In einer Konsole können sich mehrere Hilfsmittel wie Kompass, Finimeter und Computer befinden. Dies ist praktisch, denn so kannst Du alle wichtigen Angaben auf einen Blick erfassen.

Tiefe, Luftverbrauch und Atmung

Wie Du nun schon weißt, wird mit zunehmender Tiefe der Druck immer größer. Ein weiterer Zusammenhang besteht darin, dass Du mit zunehmender Tiefe bei jedem Atemzug auch mehr Luft aus der Tauchflasche aufnimmst. Denn sobald die Luft aus dem Automaten in die Lunge strömt, wird sie durch den höheren Druck unter Wasser zusammengedrückt, und entsprechend mehr Luft benötigst Du, um Deine Lunge zu füllen. Deshalb verbrauchen lange flache Tauchgänge genauso viel Luft wie kurze sehr tiefe Tauchgänge.

Ein Kompass kann Dir helfen, den Weg unter Wasser zu finden. Oft kannst Du kaum mehr als ein paar Meter weit sehen, und ohne Kompasskurs würdest Du Dich schnell verirren.

Wie finde ich den Weg unter Wasser?

Ein weiser Spruch lautet: „Der Weg ist das Ziel". Aber manchmal wollen wir möglichst schnell an unser Tauchziel gelangen, etwa ein versunkenes Schiff. Wir geben also die Koordinaten ein und nutzen den Kompass, um das Ziel zu finden. Mit einem Kompass umzugehen, ist eine spannende Sache, denn mit ihm kannst Du Dich immer orientieren und weißt, wo Du bist. Über Wasser kannst Du oft kilometerweit in die Ferne schauen. Unter Wasser sieht dies oft ein wenig anders aus. Viele Schwebeteilchen wie kleine Algen oder aufgewirbelter Schlamm und Sand führen dazu, dass die Sicht oft nur wenige Meter beträgt. Ist ein Ziel aber weiter weg, als Du schauen kannst, dann hilft Dir der richtige Umgang mit dem Kompass, es zu finden. Damit befasst sich sogar ein eigener Spezialkurs, den Du nach Deinem Einsteigerkurs besuchen kannst. Er nennt sich „Orientierung und Navigation". Ein Tauchpartner, der sich sehr gut orientieren kann, ist bei seinen Mittauchern immer hoch angesehen, denn er kann eine Gruppe führen und weiß, wo und wie die besten Plätze zu finden sind. Natürlich ist es auch eminent wichtig, den Weg zurück zu finden – dabei hilft Dir der Kompass ebenfalls.

Das Logbuch – der Nachweis Deiner Erfahrungen

Wir Taucher führen ein sogenanntes Logbuch, wie es auch Kapitäne auf Schiffen tun. Darin kannst Du den Ort, die Tiefe und auch die Zeit eines jeden Tauchgangs eintragen. Auf Tauchbasen gibt es oft eigene Stempel, die unter Deinen Eintrag gesetzt werden. Dann unterschreibt noch Dein Tauchbuddy den gemeinsamen Tauchgang und dokumentiert damit immer auch Deine Erfahrungen. Vielleicht schreibst Du ja auch ein paar Zeilen, was Du alles gesehen hast, welche Übungen Du gemacht hast oder wie Du getaucht bist. Das ist nicht nur als Erinnerung schön und nützlich, sondern vor allem dann, wenn Du nach vielen Jahren wieder an denselben Tauchplatz kommst. Nun kannst Du nachschauen, wie Du damals getaucht bist und was Du hier unten angetroffen hast.

Scherzhaft nennen manche das Logbuch „Liste ohne Gültigkeit", da manche Taucher darin ihre Erlebnisse arg übertreiben. Dabei braucht man doch gar nicht anzugeben. Viel wichtiger als die Anzahl der Tauchgänge ist es, eine gute Ausbildung zu haben, viel zu üben und sich richtig zu verhalten.

Das Logbuch dient dazu, Deine Taucherlebnisse und Erfahrungen festzuhalten

Tauchzeit, Tiefe, Ort und der Tauchpartner werden von Dir eingetragen. Damit weist Du auch Deine Taucherfahrung nach.

Alte Schiffe, Piratenschätze und abenteuerlustige Taucher

Vielleicht findest Du versunkene Schiffe genauso faszinierend wie ich. Wracktauchen ist eine unheimlich aufregende und spannende Erfahrung! Du musst gar nicht in ein Wrack hinein, um einen tollen Tauchgang zu erleben. Außerdem solltest Du sehr viel über das Wracktauchen wissen, ehe Du Dich hineinwagst. Aber Du kannst ein versunkenes Schiff auch von außen sehr gut betrachten und betauchen. Oft finden sich hier viele Fische, die die Kabinen als Höhle benutzen. Oder die Schiffe sind ganz überwuchert mit wunderschönen Korallen, in denen sich wiederum viele Fische und andere faszinierende Meerestiere verstecken können. Es ist interessant sich vorzustellen, wo so ein Schiff überall war und was dazu geführt haben könnte, dass es versunken ist.

Die Calypso und Jacques-Yves Cousteau

Die Calypso ist das legendäre Forschungsschiff von Jacques-Yves Cousteau (sprich: „Kustoh“) und seiner Tauchmannschaft. Seine vielen spannenden Forschungsreisen in die ganze Welt wurden mit einer extra dafür entwickelten Unterwasserkamera dokumentiert. Einige dieser Filme wurden sogar mit internationalen Preisen ausgezeichnet. Ohne diese Bilder und die tollen Fernsehabende, die die Abenteuer von Cousteau und seinen Tauchern zeigten, wäre der Tauchsport heute nicht, was er ist. Denn sie haben dazu beigetragen, die Begeisterung für das Tauchen zu wecken. Als ich in Deinem Alter war, war es Cousteau mit seinen Filmen, der mir und meiner Generation eine ganz neue, faszinierende Welt zeigte.
Außerdem entwickelte Cousteau ab 1961 die sogenannte Aqualunge, den ersten durch Massenproduktion hergestellten Atemregler.

Ohne Genehmigung nehmen wir Taucher nichts aus der Unterwasserwelt mit. Von einem Schatz zu träumen, ist aber erlaubt ...

Weil er so berühmt für seine tollen Filme und Abenteuer war, wurde Cousteau sogar diese Briefmarke gewidmet

An einigen wenigen Stellen der Welt kann man auch an versunkenen Flugzeugen tauchen oder an extra versenkten alten Ölplattformen, Autos und sogar Panzern. Und manche Taucher suchen auch nach Wracks beispielsweise von Piratenschiffen, die mit Schätzen untergegangen sind. Das hat übrigens eine uralte Tradition: Schon um 460 vor Christus tauchte Scyllias, ein Grieche, im Mittelmeer nach Schätzen in Wracks. Er soll Atemluft in einem umgedrehten Kessel mitgenommen haben.

Rote Wollmützen

Viele Taucher tragen an Land rote Wollmützen – dies ist eine Erinnerung an Cousteau. Denn er und seine Mannschaft trugen auf ihren Reisen immer diese roten Wollmützen, wie warm es auch war.

Das Wrack des Schiffs „Thistlegorm“ liegt auf knapp 34 Meter Tiefe im Roten Meer. Im Inneren befindet sich noch die Ladung, die Motorräder, LKWs und Jeeps umfasste.

Sogar Loks und Waggons hat die Thistlegorm transportiert

Hier kannst Du das Geschütz am Heck der Thistlegorm erkennen. Sie wurde im Zweiten Weltkrieg versenkt.

Tauchen als Beruf

Jetzt hast Du schon richtig viel über die vielseitigen Möglichkeiten rund ums Tauchen gehört. Beim Tauchen gibt es immer eine Menge zu entdecken, zu beachten und auch zu lernen. Viele Bereiche würden außerdem ohne Taucher gar nicht richtig funktionieren. So bilden die Feuerwehr oder auch die DLRG, die Deutsche Lebensrettungs-Gesellschaft, Taucher aus, vor allem für Rettungs- und Bergungseinsätze.

Bei der Marine gibt es sehr erfahrene, unglaublich sportliche Taucher: die Kampfschwimmer oder auch Minentaucher. Sie fahren beispielsweise auf U-Booten mit und übernehmen besonders wichtige Aufträge wie etwa das Bergen gefährlicher Minen unter Wasser. Auch auf Ölplattformen oder bei vielen Bauprojekten wie etwa Windanlagen im Meer sind Taucher im Einsatz. Werden Brückenpfeiler in Flüssen versenkt, sind es oft speziell ausgebildete Taucher, die dort bestimmte Arbeiten übernehmen. Selbst in Berlin, mitten in der Stadt, sind Berufstaucher an großen Baustellen damit beschäftigt, unter dem Grundwasserspiegel Schweißarbeiten durchzuführen.

Taucherdeck auf einem klassischem Taucherboot. Hier wird die Ausrüstung während der Fahrt verstaut, und die Anzüge können trocknen.

Unterwasserarchäologen erforschen nicht nur antike Schiffe oder Bauwerke, sondern auch Wracks, die noch nicht so lange am Meeresgrund liegen

Tauchen kann auch ein ganz harter Job sein!

Ein Tauchlehrer bei der Arbeit. Um ihn herum sitzen die Schüler und machen verschiedene Übungen.

Es gibt sogar einen eigenen Beruf, der sich mit versunkenen Schiffen und anderen menschlichen Zeugnissen unter Wasser befasst: die Unterwasserarchäologie. In einigen Ländern wie in Griechenland oder der Türkei existieren viele Orte, wo man unter Wasser versunkene Schiffe, Amphoren (das sind antike Tongefäße) oder sogar alte Bauwerke finden kann. Durch Erdbeben oder Überflutungen sind manchmal ganze Teile alter Städte abgesunken. Dort forschen speziell ausgebildete Taucher mit entsprechenden Genehmigungen nach aufregenden Entdeckungen.

Ein ganz besonders toller Beruf ist der des Tauchlehrers, denn hier handelt es sich um Sport in der Freizeit und darum, das Tauchen möglichst

Rücksicht gegenüber der Unterwasserwelt
Respektvoller Umgang mit der Umwelt ist das A und O beim Tauchen. Denn viele Tiere wie etwa Korallen sind sehr empfindlich und vertragen es nicht, angefasst zu werden. Andere Tiere wie etwa Fische mögen es nicht, wenn man sie bedrängt. Dir würde es ja auch nicht gefallen, wenn zehn verrückte Fotografen in Dein Zimmer stürmen würden, um dann mit viel Blitzlichtgewitter Fotos von Dir zu machen.

Die goldenen Tauchregeln

„Plane Deinen Tauchgang und halte dich daran!" Dies ist beim Tauchen eine sehr wichtige Regel. Wir Taucher und damit auch Du sind vernünftige Menschen, die sich vorher überlegen, was sie tun wollen. Du solltest also vor dem Tauchgang genau festlegen, mit welchem Buddy Du tauchen gehst, mit ihm die Tauchroute absprechen, und Ihr solltet Euch unbedingt an die ausgemachten Tiefen und die anvisierte Zeitdauer halten. Verantwortungsbewusste, kluge Taucher üben viel und holen vor einem Tauchabenteuer immer Informationen über den ausgewählten Tauchplatz ein. Außerdem sind wir Taucher rücksichtsvoll gegenüber der Umwelt und hinterlassen einen Tauchplatz immer so, wie wir in vorgefunden haben – sauber und aufgeräumt. Wir achten darauf, dass wir unter Wasser keine Pflanzen oder Korallen zerstören, dass wir Fische nicht zu aufdringlich verfolgen, und wir fassen auch nicht alle Tiere oder Gegenstände an. Wir „jagen" nur mit unseren Augen oder mit der Fotokamera. Seesterne und Seeigel sind für uns kein Souvenir, sondern wir freuen uns darauf, sie auch beim nächsten Tauchgang wieder in ihrem Lebensraum zu finden, also im Meer und nicht im Setzkasten oder Regal zu Hause!

Spannende Kurse

Es heißt ja, „aller Anfang ist schwer“, aber Du wirst schnell merken: Tauchen ist eigentlich ganz leicht! Mit jedem Üben funktionieren viele Abläufe immer besser, und Du wirst Dich schnell wie ein Fisch im Wasser oder eine Robbe im Meer fühlen. Es macht unheimlich viel Spaß, mit Freunden zusammen ganz neue Dinge zu entdecken, zu erlernen und gemeinsam auf Erforschung der Unterwasserwelt zu gehen. So gibt es auch eine Vielzahl unterschiedlicher Tauchkurse, bei denen Du bestimmte Techniken und Methoden ausprobieren oder sogar lernen kannst, wie man Personen in Notlagen rettet.

Interessieren Dich versunkene Wracks und Schiffe besonders? Dann kannst Du einen Wracktauchkurs besuchen. Das Nachttauchen fasziniert Dich, weil dann viele Tiere aus ihren Verstecken kommen, die Du tagsüber nie zu sehen bekommst? Auch hierfür gibt es spezielle Kurse!

Als Einsteiger lernst Du natürlich zuerst etwas über die Tauchtheorie – einiges hast Du ja schon in diesem Buch gelesen. Dann fängst Du an, im Schwimmbad die ersten Übungen zu machen und Dich an das Tauchgerät zu gewöhnen. Danach belegst Du einen Open-Water-Kurs (sprich: „oupen uoter“). Open Water ist die englische Bezeichnung für Freiwasser oder offenes Wasser.

Am Anfang wirst Du die Übungen und Tauchgänge natürlich immer mit einem Tauchlehrer machen. Du wirst aber sehen: Bald kannst Du auch mit einem ausgebildeten anderen Erwachsenen tauchen und ab einem gewissen Alter auch zusammen mit einem Freund. Was für Dich ganz wichtig ist, ist zu verstehen, dass Du auch ein wichtiger Helfer für einen Erwachsenen sein kannst! Denn Du lernst beispielsweise, wie Du einen Krampf lösen kannst, nicht nur bei Dir selbst, sondern auch bei Deinem Tauchpartner. Oder wie Du einem Taucher Luft spendest, der nicht so gut auf sein Fini geschaut hat wie Du. Es ist also ganz wichtig, dass Du alles verstehst und gut lernst, denn nur so wirst Du ein umsichtiger und helfender Tauchpartner werden.

Das Brevet

Zu jedem abgeschlossenen Kurs bekommst Du ein Brevet (sprich: „Breweh“). Das ist eine Plastikkarte mit einem Foto von Dir, auf der vermerkt ist, dass Du diesen Kurs geschafft hast. Das Brevet sieht aus wie eine EC-Karte oder eine Kreditkarte, und Du solltest sie in Deinem Logbuch immer dabeihaben.

Ein großer Kaiserfisch versteckt sich in einem Wrack, dessen Streben wunderschön mit farbigen Weichkorallen besiedelt sind. In speziellen Kursen lernst Du, wie man Wracks betaucht.

Um abzutauchen, entlässt Du die Luft aus Deinem Jacket. Dazu wird der Inflator hochgehalten, denn nur so kann die Luft entweichen.

Verschwundene Farben

Eine Lampe ist unter Wasser ein wichtiges Hilfsmittel, um die Farben der Tiere besser erkennen zu können. Mit zunehmender Tiefe absorbiert Wasser nämlich verschiedene Lichtwellenlängen. Das bedeutet in der Praxis, dass ab fünf Meter Tiefe die Farbe Rot ohne Lampe nicht mehr zu erkennen ist. Ab 15 Metern verschwindet Orange, dann Gelb und ab 50 Meter Tiefe sogar Grün. Dann sehen alle Tiere nur noch graublau aus. Ab spätestens 800 Meter ist es unter Wasser tiefschwarz und absolut dunkel.

Übung macht den Taucher!

Es macht richtig Spaß, seine Tauchfähigkeiten zuerst im Schwimmbad zu entwickeln. So kannst Du zum Beispiel Deinen Schnorchel nach dem Auftauchen durch einen kräftigen Atemstoß ausblasen, so ähnlich wie es ein Wal beim Auftauchen mit seinem Blas macht. Oder Du lernst geschickt abzutauchen, wie es ein Seehund oder Otter kann. Du kannst vom Boden des Schwimmbeckens Sachen an die Oberfläche holen oder durch einen aufgestellten Parcours tauchen. Oder Du bläst Deine Maske unter Wasser mithilfe der Luft aus Deiner Nase aus, gibst Deinem Tauchpartner Luft und „rettest" ihn bis zur Oberfläche. Durch die häufigen Übungen wirst Du ein echter Profi und fühlst Dich beim Tauchen immer besser und sicherer. Trau Dir ruhig das zu, was der Tauchlehrer Dir beibringen möchte!

Das schönste Gefühl unter Wasser ist für mich aber einfach nur zu schweben, indem ich mich perfekt austariere. Ein ganz tolles Erlebnis, vom Wasser schwerelos getragen zu werden. Probiere es einfach einmal selber aus!

Jeder Tauchgang bringt mehr Können und damit letztlich auch mehr Freude am Hobby!

Tauchplätze in der Nähe

Es gibt so viele und spannende Tauchplätze – teilweise sogar mitten hier in Deutschland, vielleicht sogar direkt in Deiner Nähe! Bei uns gibt es nämlich nicht nur dunkle Seen, in denen Du nichts sehen kannst. Lass Dich nicht von Menschen beeinflussen, die meinen, man könne in Deutschland nicht gut tauchen! Wenn es hierzulande auch vielleicht nicht ganz so klares Wasser gibt wie in der Südsee – wer in Deutschland tauchen gelernt hat, kommt überall auf der Welt klar.

Ich gebe Dir nun einen kleinen Überblick über lohnende Tauchziele in Deutschland und nahe liegenden Gegenden. Natürlich dürfen aber auch ein paar absolute Traumziele in der Ferne nicht fehlen.

Hemmoor

Einer meiner Lieblingsplätze im Norden von Deutschland ist der Kreidesee Hemmoor. In der Nähe von Cuxhaven liegt dieser ehemalige Kreidetagebau, der mit Wasser vollgelaufen ist. Das Spannendste an diesem Tauchplatz sind die extra für uns Taucher versenkten Schiffswracks, aber auch ein versunkener Wald oder ein Flugzeug, das frei im Wasser hängt – und noch viel mehr gibt es dort unter Wasser zu entdecken. Aber das musst Du selbst herausfinden ...

In Hemmoor kannst Du sogar an einem Flugzeugwrack tauchen

Ibbenbüren – Naturagart

In der Nähe von Osnabrück liegt ein künstlicher See, der eigens für uns Taucher geschaffen wurde. Neben einem versunkenen Tempel findest Du hier auch viele Höhlen und ein Schiffswrack, und Du kannst große Störe bestaunen. Die Tauchschule vor Ort bietet Schnuppertauchgänge und begleitete Touren an.

Ein Stör zieht gemächlich an den Tauchern vorbei

Indoor-Tauchpools

Nicht nur im kalten Winter sind die Indoor-Tauchpools wie das Monte Mare in Rheinbach oder das Gasometer in Duisburg eine interessante Alternative für Taucher und immer eine Reise wert. In Duisburgs Gasometer liegt das größte Indoor-Tauchrevier Europas! Dort kannst Du bis zu 13 m tief tauchen.

Bergseen sind meist sehr kalt. Hier solltest Du daher einen Trockentauchanzug anhaben. Warmen Tee für danach bereitzustellen, ist eine gute Idee.

Glasklare Seen

In einigen Bergseen Bayerns, Österreichs und der Schweiz gibt es extrem klares Wasser und große Fische zu bestaunen. Kalt ist es schon, denn diese Seen sind oft sehr tief und werden vom Gletscherwasser gespeist. Dafür belohnen sie Dich aber mit einer teilweise gigantischen Sichtweite.

Für Erfahrene: Flusstauchen

Auch in einigen Flüssen kann getaucht werden. Aber dafür solltest Du schon viel Erfahrung gesammelt haben und bereits etwas älter sein. Die Traun in Österreich oder die Verzasca in Italien sind dann jedoch wirklich eine Reise und Erfahrung wert!

Die Verzasca ist ein Fluss mit unglaublichen Sichtweiten. Allerdings musst Du für einen Tauchgang dort schon sehr erfahren sein, denn die Strömung ist stark und das Wasser eiskalt.

Ostsee und Tauchkreuzfahrten

Die Ostsee bietet uns Tauchern viele flache Einstiege und endlose Seegraswiesen, wo Du in geringen Tiefen sogar schon beim Schnorcheln kleine Fische wie Schollen oder auch ab und zu eine Seenadel entdecken kannst. Vor Fehmarn oder Rügen locken ebenfalls gut zu erreichende Tauchplätze. Oder Du fährst zum Tauchen einmal nach Dänemark. Kurz hinter der Grenze liegt Gamle Albo. Dort kann man im kleinen Belt mit richtig viel Strömung tauchen oder an der Brücke in Middelfart ins Wasser springen und sich von der Strömung an Steilwänden voller Weichkorallen entlangtreiben lassen.

In der Osterschelde kannst Du auch an solchen Muschelfarmen tauchen

Grevelinger Meer und Oosterschelde

Das Grevelinger Meer liegt in den Niederlanden und ist ein durch Deiche von der Nordsee abgetrenntes Binnengewässer. Dort findest Du rund um Renesse, Brouwershafen und andere Städtchen viele verschiedene Tauchplätze, um auf die spannende Suche nach Flundern, Krabben, Taschenkrebsen oder sogar Hummern zu gehen.

Die Oosterschelde ist dann wieder ein Revier für den erfahrenen Taucher, denn dort kann man Erfahrungen mit dem Gezeitentauchen (Ebbe und Flut) machen. Der Meeresboden ist hier bevölkert von Muscheln, kleinen Krabben, Garnelen und Fischchen, und im Frühjahr kommen sogar die Sepien zum Laichen hierhin. Sepien sind eine Art Tintenfisch.

Rote Korallen finden sich meist in größeren Tiefen an Steilwänden und häufig bei kräftiger Strömung

Das Mittelmeer und der Atlantik sind nicht fern

In Spanien kannst Du vielleicht einmal im Urlaub Deine ersten Taucherfahrungen bei einem Schnupperkurs sammeln, beispielsweise auf den spanischen Inseln wie Mallorca, Madeira, Ibiza oder Teneriffa, Lanzarote und La Palma. Es gibt dort auch viele deutsche Tauchbasen, die besonders auf Kinder eingestellt sind und sich viel Mühe geben und die nötige Zeit nehmen, um Dir den Einstieg in Deine Tauchwelt zu ermöglichen.

Auch auf den griechischen Inseln oder an den Küsten der Türkei gibt es gute Möglichkeiten, mit dem Tauchen zu beginnen.

In der Lagune einer Insel in Französisch-Polynesien kommt diese Schildkröte bis nah an die Bungalows heran

Taucherträume

Du kannst Dir im Moment vielleicht gar nicht richtig vorstellen, was es unter Wasser alles zu sehen und zu entdecken gilt. Darunter sind auch einige absolute Traumziele für Taucher, die natürlich auch ich noch nicht alle gesehen habe. So sind die Galápagosinseln mit ihrer einzigartigen Tierwelt wie den Meerechsen ein echter Höhepunkt für Taucher. Auch Cocos Island (sprich: „Kokos Eiländ“) mit seinen immensen Fischschwärmen oder das berühmte Blue Hole (sprich: „blu houl“) von Belize und die Cenotes (sprich: „ßenotes“) in Mexiko, glasklare Quellwassertöpfe aus Süßwasser, laden zu ganz besonderen Tauchgängen ein.

Palau und die Lagune von Chuuk liegen fern in der Südsee in Mikronesien. In der Lagune von Chuuk warten um die 70 Wracks japanischer Schiffe, die hier im Zweiten Weltkrieg von den Bombern der USA versenkt wurden.

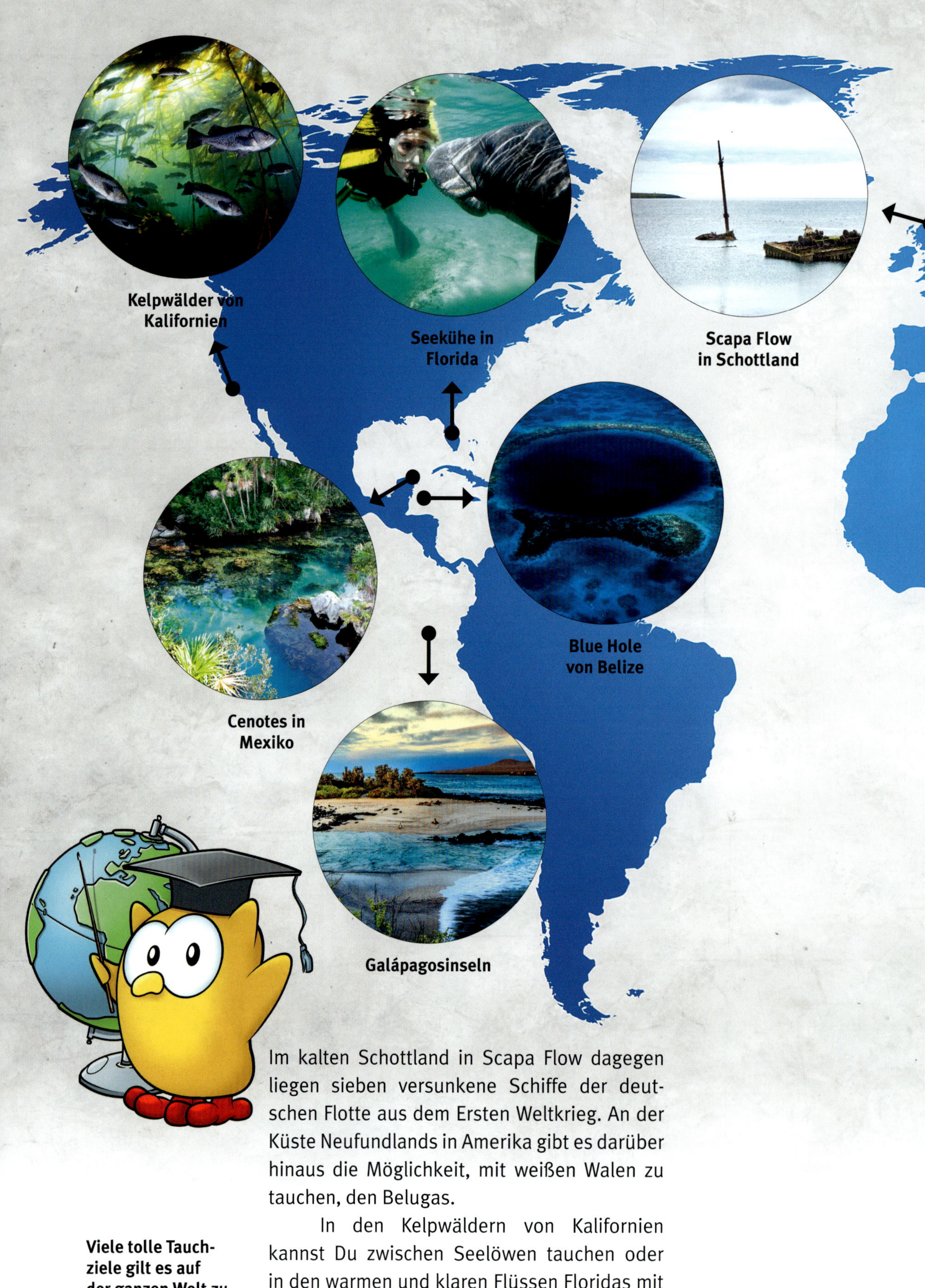

Im kalten Schottland in Scapa Flow dagegen liegen sieben versunkene Schiffe der deutschen Flotte aus dem Ersten Weltkrieg. An der Küste Neufundlands in Amerika gibt es darüber hinaus die Möglichkeit, mit weißen Walen zu tauchen, den Belugas.

In den Kelpwäldern von Kalifornien kannst Du zwischen Seelöwen tauchen oder in den warmen und klaren Flüssen Floridas mit Seekühen schnorcheln.

Viele tolle Tauchziele gilt es auf der ganzen Welt zu entdecken!

Die Malediven bestehen aus hunderten kleiner Inseln, die vom Flugzeug aus betrachtet wie grüne Tropfen im hellen Türkisblau des Meeres verstreut liegen. Meist haben sie eine Lagune, in der man im 30 °C warmen Wasser schnorcheln kann.

Das Rote Meer bietet beispielsweise vor den Küsten Ägyptens Korallen und bunte Fische satt und ist zudem kaum vier Stunden Flugzeit von Deutschland entfernt.

Das weltberühmte Große Barriereriff von Australien ist insgesamt über 2000 Kilometer lang, und man kann gar nicht so oft tauchen gehen, um es jemals komplett zu erkunden.

Eine Buckelwal-Mutter mit ihrem Jungen. Ganz zutraulich sind diese riesigen Meeressäuger, die Du auf speziellen Tauchausflügen beobachten kannst - natürlich immer mit der gebotenen Rücksicht!

Einfach tierisch!

Vermutlich hat alles Leben vor Milliarden von Jahren einmal im Meer begonnen. Erst viel später eroberten einfache Lebensformen auch das Land. Etliche landlebende Tiere sind aber wieder ins Meer zurückgekehrt, da dort immense Mengen Nahrung und auch unendlich viel Platz vorhanden sind. Einige Vögel haben sich so weit wieder an ein Leben im Wasser angepasst, dass sie hervorragend tauchen und schwimmen können, aber nicht mehr fliegen: die Pinguine.

Auch viele Säugetiere wie Seeotter, Robben und Wale sind perfekte Schwimmer und Taucher. Robben können sich zwar an Land noch fortbewegen, aber oft nur recht schwerfällig und stark watschelnd, denn ihre Beine sind zu Flossen umgeformt, was an Land ein Hindernis ist, aber im Wasser ein riesiger Vorteil.

In unseren einheimischen Seen kannst Du viele Fischarten wie den räuberischen Hecht oder den Flussbarsch und den trägen, dicken Karpfen sehen. Auch ein ganz urtümlicher Fisch mit langen Barteln ist meist bei einem Nachttauchgang zu entdecken: der Wels oder Waller. Er kann über zwei Meter lang werden und sieht mit seinem großen Kopf ganz schön gruselig aus. Ab und zu kannst Du im Schlick ein großes Loch entdecken – darin könnte ein Aal sitzen. Zwischen Steinen verbergen sich oft Flusskrebse und erkunden mit ihren langen Antennen die Umgebung.

Ganz nah kommt hier ein junger Manta an mich heran. Mein Tauchbuddy machte davon dieses Foto, und ich habe alles gefilmt. So können wir beide nach einem tollen Urlaub noch einmal alles nacherleben.

Graue Riffhaie sind ganz schön imposant und werden fast zweieinhalb Meter lang. Sie sind jedoch recht zutraulich und meist friedlich.

In der Ostsee gibt es viele Seesterne, Krebse, Krabben und Garnelen zu beobachten, manchmal auch kleine Lippfische. An härteren Gegenständen wie Steinen sitzen Polypen und Seescheiden. Größere Fische wie Kabeljau (auch Dorsch genannt) oder einen versteckten, griesgrämig ausschauenden Seewolf findest Du hier ebenfalls. Der Seewolf hat ganz krumme Zähne und kann damit sogar die dicken Schalen von Taschenkrebsen oder Hummern aufbrechen.

Der Seewolf ist ein grimmiger Geselle. Ihn kannst Du in der Ostsee rund um Dänemark oder Norwegen entdecken.

Im Mittelmeer leben sehr viele größere Fische und auch ganze Fischschwärme, durch die Du hindurchtauchen kannst. Stell Dir einmal vor, Du tauchst durch eine Wand silbrig glitzernder Makrelen! Die stehen im Schwarm manchmal so dicht, dass Du nur noch Fische siehst. Da sie aber die Luftblasen aus dem Automaten nicht so gerne haben, wird sich vor Dir eine Gasse auftun, durch die Du tauchen kannst.

Jungfische von Barrakudas sammeln sich oft in sogenannten Schulen. Sie bilden dann häufig einen großen Kreis, der in der Mitte frei ist und sich wie ein Trichter mehrere Meter nach oben erstreckt. Wenn Du sehr langsam und ruhig dort hineintauchst, kannst Du im Inneren abtauchen oder auftauchen, ohne dass die Fische davonflitzen. Dabei hilft Dir Deine gute Tarierung.

Fischschwärme zu beobachten, ist ein faszinierendes Erlebnis!

Ein Anemonenfisch oder Clownfisch genannt fühlt sich in der Symbiose mit seiner Anemone richtig wohl und sicher

Drachenköpfe oder Skorpionsfische besitzen zur Verteidigung giftige Rückenstacheln. Sie lauern versteckt auf ihre Beute, kleine Fische und Krebstiere.

Am Meeresboden liegen manchmal ganz versteckt auch Drachenköpfe wie der Große Rote Drachenkopf, der auch Meersau genannt wird. Dieser Fisch ist sehr gut getarnt. Fass ihn ja nicht an, denn durch einige Stacheln seiner Rückenflosse und der Afterflossen kann er ein sehr starkes Gift injizieren, das auf den Menschen sogar tödlich wirken kann.

Im Roten Meer kannst Du bunte Korallen bestaunen und die vielen sehr farbenfrohen Fischarten, die sich darin verstecken. Oft sind sie fantastisch getarnt, genau in der Farbe der Koralle. Du musst schon genau hinschauen, um wirklich alle Tiere zu entdecken.

Ich könnte jetzt noch seitenlang weitererzählen über all die Dinge, die Du in der Welt unter Wasser erleben kannst – leider reicht das Buch nicht dafür aus. Aber Du kannst dies ja alles selber erleben, wenn Du einfach anfängst, mit einer ABC-Ausrüstung die ersten Entdeckungen zu machen. Vielleicht konnte ich Dir ja einen Ansporn geben, irgendwann sogar den Tauchschein zu machen?

Ich wünsche Dir beim Tauchen genauso viel Spaß, wie ich ihn immer hatte und auch heute nach Jahrzehnten des Tauchens noch habe!

Gorgonien oder Fächerkorallen können hunderte Jahre alt und mehrere Meter groß werden. Beeindruckend, oder?

Großes Tauch-Quiz

Jetzt weißt Du schon sehr viel über das Tauchen. Testen kannst Du Dein Wissen mit dem folgenden Quiz. Kreuze mit Bleistift eine oder mehrere Antworten an, die Du für richtig hältst. Auf S. 64 findest Du die korrekten Antworten – viel Spaß dabei!

1. Was versteht man beim Tauchen unter den ABCs?

a) Die richtige Auswahl des Tauchpartners ❍
b) Schnorchel, Maske und Flossen. ❍
c) Verschiedene Tauchplätze. ❍

2. Was bedeutet das englische Wort „Buddy?

a) Tauchpartner ❍
b) Taucherflossen ❍
c) Körper ❍

3. Was ist Apnoe- oder Freitauchen?

a) Alle Fische sind Apnoe-Taucher und brauchen keine Luft. ❍
b) Freitauchen ist ein anderes Wort für „gratis tauchen". ❍
c) Apnoe bedeutet „ohne Atmung", denn Freitaucher haben keine Pressluft. ❍

4. Warum müssen Brillen und Masken fürs Tauchen einen Nasenerker haben?

a) Damit Kinder nicht in der Nase bohren. ❍
b) Unartigen Tauchschülern kneifen die Tauchlehrer gerne in die Nase. Davor schützt der Nasenerker. ❍
c) Für den Druckausgleich. ❍

5. Was ist Neopren?

a) Ein ganz junger Taucher, Neopren bedeutet so viel wie „Neuling". ❍
b) Ein sehr gutes Waschmittel speziell für Taucheranzüge. ❍
c) Ein Material für Taucheranzüge. ❍

6. Woraus besteht Luft?

a) Aus gasförmigem Wasser ❍
b) Vor allem aus Stickstoff und Sauerstoff ❍
c) Luft besteht aus gar nichts ❍

7. Wozu brauchst Du einen Atemregler?

a) Um den Mundgeruch der Atemluft zu unterdrücken. ❍
b) Der Atemregler ist der Mann, der aufpasst, dass Taucher unter Wasser nicht zu viel atmen, denn Atemluft ist teuer! ❍
c) Er reguliert den hohen Druck in der Taucherflasche. ❍

8. Was ist ein Fini oder Finimeter?

a) Ein Maß in Finnland. Der Finni-Meter ist 90 Zentimeter lang. ... ❍
b) Ein Zollstock aus Fiberglas zum Vermessen von Fischen. ❍
c) Ein Messinstrument, das anzeigt, wie viel Luft noch in der Tauchflasche ist. ❍

9. Was ist die Calypso?

a) Das Tauchschiff des Meeresforschers Jacques-Yves Cousteau. .... ❍
b) Ein spezielles Taucher-Kaltgetränk aus der Dose. ❍
c) „Mir ist ganz Calypso“, sagen Taucher nach einem schönen Taucherlebnis. ❍

10. Wer ist der Rekordtieftaucher unter den Säugetieren?

a) Säugetiere können gar nicht tauchen, denn sie können nicht unter Wasser atmen. ❍
b) Der Seeotter ❍
c) Pottwal und Cuvier-Schnabelwal ❍

11. Was versteht man unter Wracktauchen?

a) Ein schon sehr alter Tauchbuddy sagt von sich oft: „Ich bin ein Wrack“. Wenn so einer mit Dir tauchen geht, nennt sich das Wracktauchen. ❍
b) Ein Wrack ist ein vornehm geschnittener Taucheranzug. ❍
c) Beim Wracktauchen geht es meist zu versunkenen Schiffen. ❍

12. Was gehört zu den goldenen Taucheregeln?

a) Ein Taucher achtet immer auf seine Umwelt. ❍
b) Ein Taucher nimmt ohne zwingenden Grund nichts aus der Unterwasserwelt mit nach oben. ❍
c) Ein Taucher achtet immer auf seinen Buddy und hilft ihm, wo er kann. .... ❍

13. Welches ist das längste Riff der Erde?

a) Das berühmte Hemmoor in Deutschland. ❍
b) Das Große Barriereriff in Australien. ❍
c) In Amerika soll das sein. ❍

14. Was ist ein „Blue Hole“?

a) Ein großer, dunkler Einbruch im Riffdach oder einer Höhle ❍
b) Eine sehr schnell schwimmende Thunfischart ❍
c) Ein Fachbegriff aus der Walfangzeit: Er bedeutet, dass der Wal gerade geblasen hat. ❍

15. Warum gibt es Tauchtabellen oder Tauchcomputer?

a) Sie helfen bei der Planung des Tauchganges. ❍
b) Sie sagen uns, wie lange wir auf welcher Tiefe tauchen dürfen. ❍
c) Der Computer zeigt zudem an, wie viel Luft noch in der Tauchflasche ist. ❍

16. Wozu führen Taucher ein Logbuch?

a) Um erfundene Tauchgeschichten zum Angeben einzutragen ❍
b) Um Taucherlebnisse festzuhalten und als Nachweis über Deine Erfahrungen. ❍
c) Stempel der Tauchbasis und Unterschrift des Tauchpartners bestätigen Deine Angaben. ❍

17. Wie nennt sich eine große Ansammlung von Fischen derselben Art?

a) Schwarm oder auch Schule. ❍
b) Fischsuppe oder Fischstäbchen. ... ❍
c) Fische sind lieber ganz alleine unterwegs. ❍

18. Wo kannst Du überall tauchen gehen?

a) Im Süßwasser in Seen und bestimmten Flüssen. ❍
b) Im Meer und an vielen Inseln. ❍
c) In Indoor-Pools, die extra für Taucher gebaut wurden. ❍

19. Wie lernt man am besten das Schnorcheln und Tauchen?

a) Am besten konzentriert alleine. ... ❍
b) Unter Anleitung eines erfahrenen Lehrers oder in einem Verein. ❍
c) Wir Taucher bilden uns immer weiter und üben viel. ❍

20. Wie verständigst Du Dich mit Deinem Tauchpartner unter Wasser?

a) Ich kann den Automaten aus dem Mund nehmen und einfach sprechen. ❍
b) Unter Wasser ist der Schall etwa vier Mal so schnell wie an Land. Deshalb können wir Geräusche nicht so wahrnehmen wie an Land. ❍
c) Über bestimmte Handzeichen oder auch Lichtzeichen. ❍

Lösungen zum Tauchquiz:

1) b: Als ABC-Ausrüstung werden Schnorchel, Maske und Flossen bezeichnet.
2) a: Buddy bedeutet Tauchpartner auf Englisch. Es ist wichtig, immer einen guten Buddy dabeizuhaben, denn er kann Dir helfen.
3) c: Freitaucher oder Apnoe-Taucher haben keine weiteren Hilfsmittel außer Maske, Flossen und Schnorchel dabei. Sie nehmen nur die Luft mit, die sie an der Oberfläche eingeatmet haben, um möglichst lange unter Wasser bleiben zu können.
4) c: Durch den Nasenerker kannst Du Luft in den Maskenhohlkörper blasen. So kannst Du einen Druckausgleich beim Abtauchen einfach durchführen.
5) c: Aus Neopren werden Taucheranzüge gemacht, um Dich beim Tauchen zu schützen und warm zu halten.
6) a: Die größten Anteile an Luft sind Stickstoff mit ca. 78 Prozent und Sauerstoff mit 21 Prozent.
7) c: Ein Atemregler reguliert den Druck aus der Flasche auf einen normalen Druck, den Du als Taucher einatmen kannst.
8) c: Ein Finimeter oder Fini zeigt an, wie viel Luft noch in der Tauchflasche ist.
9) a: Die Calypso war das legendäre Tauchschiff des Meeresforschers Jacques-Yves Cousteau. Mit ihr bereiste er alle Weltmeere und sogar den Amazonas.
10) c: Pottwal und Cuvier-Schnabelwal sind die absoluten Tiefenjäger und können über 3.000 Meter tief abtauchen.
11) c: Beim Wracktauchen werden meist alte, versunkene Schiffe betaucht.
12) a, b, c: Alle Antworten sind richtig
13) b: Das Große Barriereriff ist das längste Riff der Welt.
14) a: Ein Blue Hole ist ein großer Einbruch im Riffdach oder einer Höhle.
15) a, b, c: Alle Antworten sind richtig.
16) b, c: Im Logbuch führst Du die Nachweise über Deine Tauchgänge und Erlebnisse, bestätigt durch Stempel der Tauchbasis und die Unterschrift Deines Buddys.
17) a: Schwarm oder Schule nennt man eine große Gruppe Fische.
18) a, b, c: Alle Antworten sind richtig.
19) b, c: Ein erfahrener Lehrer und ständiges Üben sind sehr wichtig.
20) b, c: Weil gesprochene Worte unter Wasser unverständlich sind, verständigst Du Dich hier mit Hand- und Lichtzeichen.

NTV

Entdecke die Reihe mit der Eule!

Entdecke die Wale

Entdecke die Amphibien

Entdecke die Reptilien

Entdecke die Igel

Entdecke die Käfer

Entdecke die Möwen

Entdecke die Kraniche

Entdecke die Störche

Entdecke die Spechte

Entdecke die Robben

Entdecke die Singvögel

Entdecke die Pferde

Entdecke die Haie

Entdecke die Erdmännchen

Entdecke die Esel

Entdecke die Nagetiere

Die Reihe mit der Eule:

Die bunten Bände der Kinder-Sachbuchreihe für wissensdurstige Entdecker nehmen die Fragen der Kids ernst und beantworten sie auf kindgerechte, unterhaltsame Weise, ohne die Intelligenz der Kinder zu unterschätzen!

Begleitet werden die Kinder auf ihren spannenden Reisen von unserer schlauen Eule, die nie um Rat verlegen ist!

Natur und Tier - Verlag GmbH
An der Kleimannbrücke 39/41 · 48157 Münster
Telefon: 0251 - 13339-0 · Fax: 0251 - 13339-33
E-Mail: verlag@ms-verlag.de · www.ms-verlag.de